# *Worte,*
## *die Dich durchs Jahr begleiten*

*Von Herzen für Dich*

Andrea Kilz

# *Worte, die Dich durchs Jahr begleiten*

Glaube an Dich und Dein Potential.
Du bist im wahrsten Sinne wundervoll
und genial!

Bibliografische Information der Deutschen Nationalbibliothek:
Die Deutsche Nationalbibliothek verzeichnet diese Publikation in der Deutschen Nationalbibliografie; detaillierte bibliografische Daten sind im Internet über http://dnb.dnb.de abrufbar.

'ne Menge für Energie & Lebensfreude

Dein Energieladen zum Energie laden

ISBN: 9783755741268
Herstellung und Verlag:
BoD – Books on Demand, Norderstedt

# Inhalt

Liebe Leserin, lieber Leser,

dieses Büchlein ist ein Geschenk für Dich. Es möge Dir Freude bereiten, Kraft geben und Dich vielleicht inspirieren.

Sollten wir im Alltag nicht per Du sein, bitte ich um Verständnis, dass ich in meinen Texten die Du-Form gewählt habe.

Die folgenden Worte habe ich in den letzten Jahren verfasst.

Mehr davon kannst Du in meinem Blog lesen: **www.teddy-konzept.de/blog/**

In meinem Podcast hast Du die Möglichkeit, Beiträge von mir zu hören: **www.deine-energie-laden.podigee.io/**

Du findest meinen Podcast auch auf **Spotify**, **iTunes**, **deezer** unter dem Titel „Dein(e)Energie laden".

Auch auf meinem YouTube-Kanal **www.youtube.com/c/AndreaKilz** kannst Du nach verschiedenen Playlists sortiert

- Poesie
- Meditationen
- Kapitel aus meinen Dorfkind-Büchern
- Übungsanleitungen und mehr entdecken!

Bei Fragen frag einfach:
Tel/WhatsApp: 0152 59727991
oder
www.andreakilz.de/kontakt

Wenn Dich meine Webseiten interessieren und Du Lust zum Stöbern hast oder mehr Informationen möchtest, wirst Du hier fündig:

www.andreakilz.de
www.deine-energie-laden.de
www.erinnerungen-eines-dorfkindes.de
www.andreakilz-coaching.de
www.teddy-konzept.de

Du findest mich ebenfalls bei Facebook bzw. Meta und Instagram.

# Glücklichsein – wie geht das?

(geschrieben am 26.02.2021)

Was braucht es denn zum Glücklichsein?
Schokolade, Liebe, Wein?
Wann bist Du glücklich – inmitten von Menschen oder lieber allein?

Was ist Glücklichsein für Dich?
Einfach fröhlich sein statt traurig?
Wo fühlst Du, dass Du glücklich bist?
Im Kopf, Deinem Herzen, durch Wärme im Bauch oder Kribbeln auf dem Fußrist?

Wie würdest Du das Glücklichsein beschreiben?
Als etwas, das immer soll bleiben?
Oder sind es Augenblicke & Momente, die Dich verzücken
und dabei manch schlechte Gedanken wieder ins rechte Licht rücken?

Ist der Zustand vom Glücklichsein immer gleich?
Kann man glücklich sein, ob arm oder reich?

Gilt es dafür arm & reich zu definieren?
Was dürfen wir fürs Glücklichsein kapieren?

Braucht es dafür Dinge von außen oder von innen?
Worauf sollten wir uns dabei besinnen?
Ist es unser Ziel, dauerhaft glücklich zu sein
oder handelt es sich dabei um Spinnerei´n?

Nun frag ich erneut,
wie empfindest Du dieses Glück?
Ist denn Glück vom Glücklichsein ein Stück?
Auf jeden Fall steckt Glück im Wort.
Finden wir dieses Glück eigentlich an einem bestimmten Ort?

Ist Glück greifbar und ganz nah?
Übersehen wir es, obwohl es uns zu Füßen liegt?
Ob jeder davon die gleiche Menge abkriegt?
Müssen wir etwas dafür tun
oder einfach nur sein und in uns ruh´n?
Kommt einem das Glück in den Schoß geflogen
oder ist diese Floskel gelogen?

Was gilt es zu tun oder zu lassen, um glück-
lich zu sein:
Hart arbeiten tagaus tagein?

Lieber auf der faulen Haut zu liegen –
bis wir Langeweile kriegen?
Das rechte Maß für Arbeit & Erholung
finden?
Sich an strikte Regeln & äußerste Disziplin
binden?

Vielleicht ist das alles ganz egal?
Womöglich reicht´s fürs Glücklichsein allemal.
Eventuell können wir es überall und zu jeder
Zeit
und brauchen zum Glücklichsein nur sein
bereit.

Wenn wir es nicht sind, heißt es
herauszufinden,
was uns abhält und woran wir uns noch
binden.
Worin wir gefangen und was uns blockiert –
von uns abhält, dass etwas Schönes passiert.

Tief in uns drin entdecken wir den Sinn,
den Sinn von allem, was geschieht –
all das, was man mit bloßem Auge nicht
einfach sieht.

Dafür gilt es, hinter die Kulissen zu schauen
und Stück für Stück Mauern sowie alte
Fassaden abzubauen.

Wir können in Mustern gefangen sein –
ein kleiner Trost: damit sind wir nicht allein.
Dies gehört zum Menschsein wohl dazu –
so wie ich und Du.

Wenn Du meinst, das Glücklichsein sei Dir
verwehrt,
dann sag ich Dir: Du liegst verkehrt!
Denn wir alle haben das Recht glücklich zu
sein

# Unser Weg

(geschrieben am 05.12.2020)

Unser Weg lautet die Überschrift eines
Kapitels in meinem dritten „Dorfkind-
Buch": „Noch mehr Dorfkind-Erinnerungen".

Woher wir kommen und wohin wir gehen,
später wird jeder auf seinen Weg
zurücksehen.
Jeder hat sein eigenes Leben
und kann so viel an Erfahrung weitergeben.

Wir wachsen heran und werden groß,
fragen uns vielleicht manchmal: „Welchen
Sinn hat das ganze Leben bloß?".
Genau so viel Sinn, wie wir ihm geben,
es liegt an uns, was wir machen aus unserem
Leben.

Egal, was wir erlebt oder uns bestrebt.
Zu jeder Zeit können wir agieren,
neue Wege und Möglichkeiten ausprobieren.
Die Vergangenheit dürfen wir hinter uns
lassen
und uns ein Herz für die Gegenwart als

Zukunft fassen.
Für Vergangenes mögen wir Dankbarkeit
spüren.
Ob gute oder schlechte Erfahrungen, sie
werden uns führen.

Wir haben die Chance, aus allem etwas zu
machen –
den schönen wie den vermeintlich schlechten
Sachen.
Denn das Leben will uns lehren.
Es will uns aufzeigen, was wir wirklich
begehren.

Da helfen Ausreden im Vorankommen nicht.
Stell Dich vor einen Spiegel und schau Dir ins
Gesicht.
Sieh Dir in die Augen und sei auf Dich stolz.
Meinetwegen klopfe auch auf Holz,

Werde Dir bewusst, was Du schon alles
gemeistert hast.
Denk nicht, Du hast irgendwas verpasst.

Alles im Leben hat seinen Sinn –
ja, auch mancher Neubeginn.

Ich kann verstehen, dass wir auf manches
wollen verzichten,
doch dann hätten wir am Ende unseres
Lebens beim Rapport vielleicht kaum von
Erfolgen zu berichten.
Nun denkst Du womöglich: „Warum kann
nicht alles schön und einfach sein?".
Doch vermutlich liebes Menschenkindelein ...

machen wir es uns manchmal schwerer als es
ist,
weil Du – wie auch ich – voller Erwartungen
bist.
Weil wir hin und wieder später erst erkennen,
dass wir „falschen" Idolen und Zielen
hinterherrennen.

Außerdem dürfen wir vertrauen,
dass uns irgendwelche Kräfte immer unter-
stützen und aufbauen.
Auch, dass das Leben es gut mit uns meint,
selbst, wenn es manchmal nicht so scheint.

Glaube an Dich und Dein Potential.
Du bist im wahrsten Sinne wundervoll und
genial!
Trau Dich ganz Du selbst zu sein.
Lebe nicht irgendeinen Schein.

Lausche Deiner inneren Stimme und Deinem
Herzen.
Und tatsächlich brauchen wir zum Lernen
von Zeit zu Zeit Schmerzen.
Sind wir doch mal ehrlich.
Manchmal muss es erst weh tun oder nich'?

Weil wir dann endlich etwas verändern oder
tun,
statt uns unzufrieden oder jammernd auf den
Lorbeeren auszuruh'n.
An Herausforderungen können wir wachsen.
Echt, ich mache keine Faxen.

An den Kindern ist es zu sehen,
während sie herkömmliche Krankheiten
durchstehen,
machen sie einen Entwicklungsschub,
egal ob Mädchen oder Bub.

Bei uns Erwachsenen ist es ebenso,
drum vertraue dem Leben, sei heiter und
froh.
Ich wünsche Dir für jeden neuen Tag das
Allerbeste,
liebe die Arbeit genauso wie Feste.
Lade Harmonie und Freude in Dein Leben
ein, denn Du sollst immer zufrieden und
glücklich sein!

Lasst uns dankbar sein für das Leben,
für all das, was unsere Vorfahren uns mit auf
den Weg gegeben,
für all die Dinge, die sie gemeistert und
erschaffen haben,
an denen wir uns heute womöglich erlaben.

Lasst uns ihnen unsere Wertschätzung
entgegenbringen,
schaut zurück, was ihnen gelungen –
so können auch unsere Herausforderungen
gelingen.
Jede Zeit birgt ihre Themen und Aufgaben in
sich,
doch nochmal zur Erinnerung, ob wir es
hören wollen oder nich(t),

Entwicklung funktioniert, wenn wir in der
Schule des Lebens unsere Prüfungen und
Aufgaben meistern.
Das hat nichts zu tun mit bösen Geistern.

Ganz im Gegenteil und seid Euch klar,
Eure Schutzengel und anderen himmlischen
Helfer sind immer für Euch da!
Vielleicht denkt mancher jetzt: „Was für ein
Quatsch!
Das hat zudem so einen esoterischen Tatsch."

Doch wir können unsere Vorfahren fragen,
in Notsituationen und an vermeintlich
aussichtslosen Tagen,
bitten oder flehen wir „den Himmel" an,
ob uns nicht irgendwer helfen kann.

Und glaubt mir, wir sind wirklich nicht allein!
Es gibt da eine Kraft, die wird immer bei uns
sein!
Sie ist da – bei Tag und bei Nacht.
Und wer hätte das gedacht,
sie führt und gibt uns Kraft,
mit ihr haben wir schon so manches
geschafft.

Wir können sie fühlen, wenn wir aufmerksam
sind,
wenn wir der Welt lauschen, so wie ein Kind.
Indem all unsere Sinneskanäle sind hoffen,
können wir auf die Wunder des Lebens
hoffen.

Ich glaube, als Wunder nehmen wir sie dann
wahr,
weil zuvor unsere Vorstellungskraft für die
Magie des Lebens allzu gering war.

# Die Magie des Lebens

(geschrieben am 16.02.2021)

Ob Schnee & Eis, Sonne oder Regen –
Mögest Du die Magie des Lebens entdecken
auf all Deinen Wegen.

Zwischen Himmel & Erde ist unendlich  viel
Magie zu fassen –
Davon wirst Du als Menschenkind niemals
allein gelassen.

In Dir und um Dich existiert ein riesiges
Potential –
Es unterstützt Dich und hilft Dir über
Berg & Tal.

Du weißt, wie Du Kraft in der Natur tanken
kannst
Und wie herrlich Du Dich fühlst, wenn Du
tanzt.

Was Dir gut tut, weißt Du ganz allein –
Vergiss die Dinge nicht und lass sie Deine
Oasen der Freude sein.

Freude bereiten und bereitet bekommen, ist
immer wieder schön –
Mögen uns dafür zu keiner Zeit die Ideen
ausgeh´n.
Für manche Freude oder Überraschung
braucht es vielleicht etwas Mut,
doch hatten wir den, können wir erleben, wie
gut Freude uns tut.

Freude ist die Emotion vom Herzen –
Sie lässt uns vergessen manche Schmerzen.
Denn wir wissen, nicht immer ist nur Sonnen-
schein
manchmal fühlen wir uns hilflos und klein.

Darin verbirgt sich die Chance uns wieder
bewusst zu werden,
dass wir die Magie des Lebens nutzen
können statt uns zu „beschwerden".

Sich dessen bewusst zu sein, kann genügen
dass sich plötzlich Dinge fügen,
ein Geistesblitz Einzug hält,
der gleichzeitig unsere Gedanken wieder er-
hellt.

Es kann helfen uns neu zu orientieren,
belebende Motivation zu finden anstatt die
Lust zu verlieren.
Viel wert ist es, Vertrauen zu haben,
sich an der Fülle und Schönheit des Lebens
zu erlaben.

Zu vertrauen, dass alles hat einen Sinn,
manch Ende gleichzeitig ist ein Neubeginn.
Auch darauf zu vertrauen, dass alles kommt
zur rechten Zeit
Die Magie des Lebens immer gedeiht.

Drum wünsche ich Dir von Herzen nun,
auch wenn Du inzwischen herausgewachsen
bist aus Deinen Kinderschuh´n.

Bewahre Dir die Fähigkeit, die Welt von Zeit
zu Zeit durch Kinderaugen zu betrachten,
auf den Bauch zu hören anstatt nur den
Verstand zu beachten.

Bewahre Dir die Gabe,
zu träumen und kreieren,
dann wirst Du womöglich nie wieder die
Freude am Leben verlieren.

# Der Wind, der Wind, das himmlische Kind

(geschrieben am 09.08.2020)

Heute Abend weht ein warmer Sommerwind
über´s Feld.
Wer hat ihn wohl bestellt?

Macht das Petrus oder wer?
Wo kommt der Wind denn her?
Der Wind, der Wind, das himmlische Kind –
so sagen Hänsel und Gretel, als sie vor dem
Knusperhäuschen sind...

Vom Himmel hoch, da komm ich her.
Das klingt nach Weihnacht oh so sehr.
Bei der Hitze grad zurzeit
ist es bis Weihnachten gefühlt noch weit!

Zurück zum Wind, der über den Acker fegt –
klar ist, dass der Wind etwas bewegt!
„Bald weht ein anderer Wind.", sagt man
manches Mal dahin.
Was steckt dahinter für ein Sinn?

Wenn der Wind bewegt, verändert er.

Vielleicht kommt von dort die Bedeutung
her.
Im sibirischen Schamanismus ist der Wind
dem großen Geist von Ulgen zugeteilt.
Mit ihm kommen neue Dinge herbei geeilt.

Ulgen wird auch als Geist des Glücklichseins
benannt.
Und als Gefühl von Glücklichsein ist wohl
Leichtigkeit bekannt,
für die als Symbol gern des Vogels Feder
wird gesandt.

Der Wind steht auch für Kreativität.
Klar bringt er manches durcheinander
während er weht.
Doch aus Chaos entsteht Ordnung.
Diese Worte haben bereits bei Albert Einstein
ihren Ursprung:

Nichts kann existieren ohne Ordnung. Nichts
kann entstehen ohne Chaos.

Und wenn du das Gefühl hast, dass gerade
alles auseinander zu fallen scheint, bleibe
ganz ruhig. Es sortiert sich nur neu.

# Wenn Du unzufrieden bist, verändere etwas!

(Podcast vom 07.04.2021)

Bist Du unzufrieden? Dann lies gern weiter, was ich dazu in meinem Energie – Laden – Podcast erzählt habe:

Heute geht es mal wieder um einen meiner 12 Tipps für mehr Energie und dieser lautet: **„Wenn Du unzufrieden bist, verändere etwas."**

- Stört Dich die Fliege an der Wand?

- Macht Dir Dein Partner zurzeit gar nichts recht?

- Bist Du gereizt und nörgelst herum?

Womöglich bist Du mit irgendetwas unzufrieden. Sorge für Veränderung. Du allein hast es in der Hand! Sei mutig! Es lohnt sich!

So steht es unter meinen Tipps geschrieben und dazu noch ein Zitat von Harrison Ford, der einmal sagte:

*„Große Veränderungen in unserem Leben können eine zweite Chance sein".*

Jetzt ist das vielleicht manchmal so, dass wir zuerst gar nicht merken, dass wir unzufrieden sind. Oder, dass wir vielleicht irgendwann merken, dass wir unzufrieden sind, aber gar nicht wissen, warum.

Die große Kunst von uns Menschen ist, das wir uns ablenken, indem wir Sport treiben und vielleicht immer noch mehr Sport. Indem wir einfach nur aktiv sind, uns mit Menschen treffen, unterwegs sind. Durch Aktivitäten lenken wir uns ab.

Aktivitäten sind vollkommen in Ordnung und Menschen treffen auch ... Doch dabei laufen wir manchmal vor unserer eigenen Wahrheit davon statt innezuhalten, ganz ruhig zu sein und in uns zu horchen.

*Ich glaube,*
*dass wir oftmals Angst davor haben.*

Andererseits glaube ich, dass wir keine Angst vor unserer inneren Wahrheit zu haben brauchen. Ja und wenn wir merken, was uns unzufrieden macht, dann liegt es an uns, ob wir sagen Okay: wir bleiben unzufrieden und machen so weiter. Oder, ob wir eine Entscheidung treffen und sagen: Wir ändern etwas!

Auch vor den Veränderungen haben wir manchmal große Angst. Doch die Veränderungen müssen ja gar nicht gleich riesig groß sein. Eine Veränderung kann zum Beispiel schon sein, dass wir vielleicht anders auf die Dinge schauen oder feststellen, dass wir anders mit Dingen umgehen möchten.

Es kann sein, dass wir unzufrieden sind, weil wir entdecken, dass wir Dinge tun, die uns nicht wirklich Freude machen, die wir nur tun, weil wir meinen, sie müssen getan werden, (weil wir dann gute Menschen sind).

*Doch wir haben das Recht,*
*Dinge zu tun, die uns Freude bereiten.*

Das klingt vielleicht ein bisschen krass, aber ja, das Leben darf Freude sein und Spaß machen! Erst neulich habe ich beim Bearbeiten eines Textes geschrieben, dass Spaß und Lebensfreude für mich nicht bedeuten, dass wir jeden Tag im Hopserlauf durch die Gegend springen. Sondern, dass Freude auch etwas ganz Stilles sein kann.

Ein stilles, tiefes Lächeln von Zufriedenheit und leiser, ruhiger Freude. Auch leise Freude darf groß sein. Trotzdem muss sie nicht laut sein ...

Ja, was machen wir nun, wenn wir merken, wir sind unzufrieden? Wie nehmen wir das wahr, weil wir vielleicht überhaupt nicht mehr klar denken können und wie merken wir, was „falsch" oder „richtig" für uns ist?

Wenn uns die Fliege an der Wand stört, wie ich schon gesagt habe, ist das so ein Zeichen. Auch, wenn unser Körper Symptome zeigt. Denn unsere Seele weiß, was gut für uns ist. Sie kennt unseren Weg. Jedoch kann sie nicht mit Worten zu uns sprechen, wie ich jetzt zu euch spreche (im Podcast).

Sie äußert sich über unseren Körper, über unser körperliches Empfinden. Also wenn wir da Symptome empfinden:

- wir vielleicht Magendruck haben oder

- das Gefühl, es geht uns etwas an die Nieren oder

- es sich anfühlt, als ob wir zerbrechen,

dann könnten dies Hinweise darauf sein, dass es etwas zu ändern gibt beziehungsweise zuallererst einmal, dass es etwas gibt, das Aufmerksamkeit möchte, auf das geschaut werden möchte.

Ein weiterer Weg, den unsere Seele nutzt oder das Potential – die Magie, die uns umgibt – ist, uns auf Bilder oder Worte stoßen zu lassen, die wir sehen sollen, die wir lesen sollen. Das kann eine Überschrift in einer Zeitschrift sein, ein Plakat, das du irgendwo im Vorbeifahren entdeckst. Es kann sich um einen Satz handeln, der Dir in einem Film oder einer Reportage ganz besonders auffällt und Dir gar nicht wieder aus dem Kopf geht.

Lange Rede kurzer Sinn – habe den Mut zur Veränderung, wenn Du unzufrieden bist! Für die Frauen, die das lesen: Ich arbeite ja als ganzheitlicher Coach für Frauen, Mut & Selbstvertrauen.

*Gern unterstütze ich auch,*
*wenn es um Entscheidungen geht.*

Ich helfe oder unterstütze Dich, indem ich Dir zeige, wie Du erkennen kannst, was für Dich die stimmige Entscheidung ist. Selbstverständlich zeige ich Dir das nicht ausschließlich, sondern wende die Möglichkeiten gemeinsam mit Dir an.

Ja und den Funken, das Fünkchen Mut, dass wir dann noch brauchen, bin ich mir sicher, das tragen wir in uns! So, wie wir manches in uns tragen: vielleicht auch Talente, die wir noch nicht herausgelassen haben. Das braucht das nächste Fünkchen Mut, um zuzulassen, dass sich der Mut, die Talente, von denen ich gerade sprach, entfalten.

So, das reicht für heute! Bei Fragen frag einfach!

Alles Gute für den Tag, ganz viel Klarheit und positive Energie, ganz viel Mut zum Innehalten, zum still sein, um auf deine innere Stimme zu hören, um dir (wieder) bewusst zu werden, was du wirklich willst.

Was wir wirklich wollen, können wir manchmal gar nicht so genau formulieren. Aber ich finde, ein erster Schritt ist bereits zu erkennen, was wir nicht wollen, um dann vielleicht zu überlegen, ob wir das eine oder andere lassen.

Ich glaube, Ernst Ferstl war es, der gesagt hat:

*„Die Kunst eines erfüllten  Lebens ist die Kunst*
*des Lassens:*
*Zulassen, Weglassen, Loslassen"*.

Also: hab einen schönen Tag, alle Kraft für alles, was heute ansteht, ganz viel gute Energie und reichlich Freude.

Irgendetwas gibt es immer zu entdecken, was uns Freude bereitet, und wenn es eine neue Blume ist, die aufgegangen ist oder eine schöne an sich, ein schöner Anblick des Himmels... Selbst der Regen, der vom Himmel fällt, kann einen schönen Anblick machen.

# Was ist Frieden?

Was ist Frieden?
fragen sich die Vögel

Ein Gedicht, das ich für ein Nistkasten-Projekt
geschrieben habe, bei dem es der Künstlerin
darum ging, dass die Vögel Friedensbot-
schaften ausbrüten und diese Botschaften in
die Welt tragen.

Was ist das, was die Menschen da wollen?
Was ist das, was wir in die Welt bringen
sollen?

Frieden in allen Herzen bei Groß und Klein –
Frieden auf Mutter Erde und überall möge
sein.

Ist es dann immer licht bei Tag und bei
Nacht?
Gibt es dann kein Gewehr mehr, was Krach
macht?

Haben die Menschen dann aufgehört zu
streiten?

Werden sich alle nur noch Freude bereiten?

Haben die Menschen dann nur noch Gutes
im Sinn?
Schlagen die Herzen dann immer ruhig und
sanft vor sich hin?
Und machen nur mal einen Purzelbaum,
wenn sich Verliebte in die Augen schau´n?

Sind dann alle und alles gesund?
Blühen und strahlen dann Blumen und
Menschen ganz bunt?

Ist auf und in der Erde dann alles geheilt?
Fühlt man sich dann an jedem Platz wohl –
egal, wo man weilt?

Haben dann alle Menschen ein Lächeln auf
den Lippen?
Kann man ihnen dann einfach von hinten auf
die Schulter tippen –

ohne, dass sie erschrecken und verängstigt
den Atem anhalten?
Wie fühlt sich das an, wenn nur noch Liebe
und Frieden walten?

Gibt es dann nur noch positive Gedanken in
der Welt?
Ist dann alles schön und so, wie es uns
gefällt?

Braucht man dann keine Tür und kein Tor
mehr verschließen?
Wird dann niemand mehr vor Kummer in
einer Ecke verdrießen?

Stellt Euch vor, wie es ist, wenn alles in
Harmonie miteinander schwingt,
wenn von überall her sanfte Musik erklingt
und dass Glückseligkeit in die Herzen bringt.

Wenn die Luft um uns ist ganz klar und rein,
wenn die Sinne bei den Menschen auch sind
ganz fein.

Dann wird alles so einfach sein.
Die Menschen können dann voller Vertrauen
Auf alles und auf jeden bauen.

Die Menschen fühlen sich dann geborgen
und beschützt

und wissen, dass aller Ärger nichts nützt.

Sie werden ein Leben in Fülle genießen
und in Ruhe zusehen, wie die Blumen und
andere Pflanzen sprießen.
Lasst uns allen Menschen eine Rose
mitbringen,
für sie das schönste Liebeslied singen
und in ihren Herzen das Wort Frieden
klingen.

# Wer bin ich?

(geschrieben vor etlichen Jahren)

Wo bin ich?
wer bin ich?
Was tu ich?

Fragt sich der Mensch
und beginnt über das Leben hier auf Erden
nachzudenken.

Was will ich oder will ich nicht,
was denke ich und warum kommen diese
Gedanken in meinen Kopf?
Woher kommen sie und ist da etwas
programmiert und abgespeichert bei mir?

Warum laufen mir bestimmte Menschen über
den Weg und
Wer sorgt für manch lebensverändernde
Begegnungen?
Wer ist DAS?
Was ist ES?

Was / wer unsere Wünsche in Erfüllung gehen lässt,
was uns rettet, wenn wir in ganz verzwickten Situationen sind,
wenn wir denken, es geht nicht weiter und alles sei verloren.

Wer öffnet da plötzlich eine Tür zu etwas Neuem, Guten, Unvorhersehbarem?
Sind wir hier zu Hause oder ist unser Zuhause eigentlich ganz woanders?
Kommen wir von einem anderen Stern?

Sind wir außerirdisch?
Sind wir nur mal zu Besuch?
Wollen wir einfach nur wissen, wie es hier auf Erden ist?
Wie es ist, Mensch zu sein?
Diese Erfahrung machen?
Vielleicht.

Die Antwort darauf kennst nur Du,
hast Du allein ganz tief in Dir.
Suche sie und das Finden wird dich mit roßer Freude und großartiger Liebe erfüllen!

Ich wünsche Dir alles Gute

Eines möchte ich Dir noch sagen...
es gibt ETWAS, das uns liebt,
so wie wir sind, bedingungslos,
jetzt und immer!
Sei Dir dessen bewusst!

# Wünsche für das neue Jahr

(geschrieben 30.12.2019)

Die besten Wünsche für das neue Jahr heißt
es so schön, doch welche Wünsche sollen in
Erfüllung gehn?

Was wir oft wünschen
sind Gesundheit und Wohlergehen und dass
wir immer auf der Sonnenseite des
Lebens stehen.
Auch Zufriedenheit, Freude und Glückmöge
es immer aufwärts gehen mit uns – Stück für
Stück.

Mut und Vertrauen sollen nicht feh-
len, Optimismus und Zuversicht darunter
zählen.
Welche Wünsche auch auf Deiner Liste
stehen, mögen sie alle in Erfüllung gehen!

Hast Du vergessen, was Du wirklich willst,
was Du erwartest und womit Du am liebsten
im neuen Jahr startest?
Wo sind Deine Träume hin?

Manchmal sind unsere Wünsche in Verges-
senheit geraten, doch nur vermeintlich –
schließlich können wir sie neu starten!
Denn nirgends sind unsere Wünsche hin –
sie schlummern ganz tief in uns drin!

Im Universum und uns geht nichts verloren,
das hat das Leben so auserkoren!
Vielleicht haben wir unsere Wünsche
aufgegeben, doch sie dürfen leben ...
und unsere Lebensgeister wecken, weil hinter
ihnen Sinn & Gründe stecken!

Egal, wann und wo sie scheinbar verloren
gegangen sind,
ob im Erwachsenenalter oder bereits als Kind
–
unsere Seele hat sie abgespeichert, da unsere
Träume & Wünsche wichtig sind
–
durch sie werden unsere Lebensfreude und
Energie bereichert und wir empfinden eine
Motivation wie als Kind!

Reines Denken und allein den Kopf
anstrengen helfen manchmal nicht,

auch kein
Grübeln bis man sich fast den Kopf zerbricht.

Wir können in Erinnerungen kramen
und finden vielleicht den einen oder anderen
Samen.
Meditieren, träumen und auf Zeitreisen
begeben –
das alles kann unsere Rückbesinnung
beleben, ich möchte euch eine weitere
Möglichkeit auf den Weg mitgeben:

In Zeitschriften blättern und darin Bilder
ansehen, lässt uns mit manchem Foto oder
einer Überschrift in positive Resonanz gehen.
Ob das Zufall ist oder ein Zeichen?

Auch wenn wir von Zeit zu Zeit von unserem
Weg abweichen –
winkt uns unsere Seele immer wieder zurück
– auf den Pfad zu Erfüllung, Lebensfreude
und Glück!

Bilder sind die Sprache der Seele –
sie läuft keine Gefahr, dass sie sich im Wort
verfehle.

Deren Interpretation ist uns überlassen,
wir können unsere eigene Übersetzung
verfassen.
Doch spielen unser Herz und Bauchgefühl
eine große Rolle, komme, was wolle!


Hüpft unser Herz vor Freude, ist das sicher
ein gutes Zeichen,
ein entspanntes wohlig leichtes Gefühl im
Bauch seinesgleichen.
Empfindest Du Leidenschaft, prickelnde Vor-
freude und Leichtigkeit,
ist das wohl ein weiteres Omen, dass es für
diese Träume ist an der Zeit.


Folge ihnen und halte sie Dir stets vor Augen,
plötzlich wird das Leben zu so viel mehr
„taugen".


Gesundheit, Wohlergehen und Glück –
hol Dir Deine Träume und Wünsche ins
Bewusstsein zurück.
Sie sorgen als Lebensziele für
Freude & Energie – pure Magie!

# Was ich Dir wünsche

(geschrieben am 31.12.2020)

Was ich Dir wünsche fürs neue Jahr
ist Glück & Gesundheit ganz klar!
Doch wünsche ich Dir noch viel mehr,
denn dass es Dir gut geht, liegt mir am
Herzen so sehr!

Drum habe ich mir überlegt,
es gibt so vieles, was uns bewegt.
Folgende Idee hatte ich dann:
Wie wär´s, wir ziehen übers Jahr ein
Mäntelchen an.
An diesem bequem und leicht zu tragenden
Mantel ist all das dran:

Des Mantels Garn ist Liebe pur,
Du brauchst Dich von ihr umgeben fühlen
nur.
Untergemischt ist ganz viel Herzlichkeit.
Es bedarf lediglich, dass Du bist bereit,
symbolisch diesen Mantel zu tragen
und das am besten an allen Tagen.

Denn in ihm verarbeitet sind weiterhin
tiefe Zufriedenheit, Optimismus und
Frohsinn.
Desweiteren Wertschätzung und
Achtsamkeit,
reichlich Gönnertum statt Neid,
auch Freundlichkeit und Vertrauen.
Darauf lässt sich schon eine Menge
aufbauen.

Fürs Aufbauen sollst Du außerdem haben viel
Kraft.
Dazu Leidenschaft und positive Energie
weiterhin viel schafft.
Zusätzlich Freude im Mäntelchen ist,
es geht darum, dass Du erfüllt von positiver
Energie bist.

Du findest im Mantel Gelassenheit,
die Fähigkeit zu Entspannen und Samen von
Glückseligkeit.
Ein Muster von Harmonie & Ruhe das
Mäntelchen prägt,
ebenfalls ein Notizbüchlein, damit Du
niederschreiben kannst, was Dich bewegt.

Auch eine App für Lösungswege ist inklusive.
Ich bin mir sicher, für jeden Weg gibt es eine
Alternative.


In einer Innentasche wirst Du finden
den „Code", der Dich mit Deinen
unsichtbaren Helfern kann verbinden.
Dazu das Gefühl von Sicherheit & Halt,
von Frieden statt Krieg und Gewalt.


Außerdem durchziehen den Mantel  Fäden
von Feingefühl und Inspiration.
Erinnere Dich: für alles, was Du „säst" folgt
irgendwann der „Lohn".
Hab Vertrauen in Dich selbst und das, was Dir
liegt,
Die Berufung, Deine Lebensaufgabe zu
erfüllen, ist das, was wirklich wiegt.


Tatsächlich hat mehr als ein neues Jahr
begonnen.
So manch Altes und Überholtes ist
inzwischen zerronnen.
Trau Dich zu strahlen, zu leuchten und der
Welt Dein Licht zu zeigen.

Auch wenn wir manchmal zu Skepsis neigen.

Sei Dir bewusst, welch wichtiger Teil Du im
großen Ganzen bist
und die Welt ohne Dich unvollkommen ist.

Ich wünsche Dir so sehr
ein gutes Jahr und noch viel mehr.
Lade die Magie des Lebens und sämtliche
Wunder als Deine Begleiter ein.
Mögest Du  am Ende des Jahres froh,
glücklich und zufrieden sein.

# Neujahrswünsche

(Januar 2021)

Das neue Jahr, was soll es bringen?
Natürlich nur von den guten Dingen!

Meine Worte sollen Dir Dein Jahr versüßen –
Mögest Du Sie genießen!

Ist nun die schöne Zeit vorbei von Licht,
Wärme und Frieden?
Je nachdem, wie wir entschieden!

Liegt es nicht an uns, Licht in die Welt zu
bringen?
Wir können ein herrliches Liedchen singen,
den Mitmenschen ein warmherziges Lächeln
schenken,
wenn nötig, belastende Gedanken in eine
positive Richtung lenken.

Wir können Freude bereiten jeden Tag aufs
Neue
und das Leben achtsam leben und genießen
ohne Reue!

Über das ganze Jahr dürfen wir Kerzen
anzünden,
Hoffnung, liebevolles Miteinander und
Herzlichkeit verkünden.

Schenken können wir ein offenes Ohr, Nähe
und Freundlichkeit,
voller Vertrauen und dankbar sein zu jeder
Zeit.

Möge uns all das mit Zuversicht und
Leichtigkeit gelingen,
und mögen wir selbst beschenkt werden mit
wunderbaren Dingen.

Mögen wir voller Kraft sein für all das, was
wir zu meistern und bewältigen haben
und genug Zeit, uns in aller Stille oder
inmitten fröhlichen Trubels zu erlaben.

Wohlergehen, Glück und Gesundheit sollen
treue Begleiter an unserer Seite sein
und lasst uns nicht vergessen: Es existiert
auch das Wörtchen NEIN!

Von Herzen alles Gute

# Meine Weihnachtsgrüße für Dich

(Weihnachten 2020)

Ist es abgedroschen oder in diesem Jahr unpassend, schöne Weihnachten zu wünschen?
Nun sagt mancher schnell: „Na schön ist was anderes.".

Was ist denn schön?
Ein Dach über dem Kopf und ein warmes Zuhause?
Ein voller Kühlschrank und ein herrlich geschmückter Weihnachtsbaum?

Zu zweit  statt allein zu sein?
Zeit zu haben und vielleicht auch die Ruhe, nach der wir uns immer sehnen?

Ist es nicht so, dass wir uns in den vergangenen Tagen per WhatsApp-Nachricht, Brief, Karte oder mündlich wie all die Jahre  zuvor schöne Weihnachten, ein frohes Fest und besinnliche Feiertage gewünscht haben?

Sagen wir das einfach so dahin?

Ich glaube nicht!
Egal unter welchen Umständen und Herausforderungen mancher Weihnachten verlebt, irgendwie soll es schön sein.

Ein Virus hält zurzeit die Welt in Schach. Mögen wir dabei nicht vergessen, wie viele andere Herausforderungen mancher zu bewältigen hat.
Neben Corona fordern zum Beispiel auch andere Krankheiten Menschen und Familien heraus.

Woran wir glauben oder auch nicht, vielleicht schaffen wir es zu vertrauen, dass in der Weihnachtszeit eine besondere Kraft liegt.

Vielleicht geben uns diese Kraft, das Licht und die Warmherzigkeit Halt.
Sicher konnten viele unter uns in der letzten Zeit erfahren, wie schön es ist, Freude zu bereiten beziehungsweise Freude bereitet zu bekommen.

Freude ist Medizin für unser Herz und unsere Seele.

Freude kann vielfältig geschehen. Inmitten von Dunkelheit und Trübsal als auch in fröhlich lustiger Runde ist Freude möglich.

Ich wünsche Euch allen von Herzen Freude
und Frohsinn.
Ja, wir stecken in einer Zeit des Wandels drin.

Doch wir stecken darin nicht fest,
denn aus allem sich etwas machen lässt.
Vielleicht hilft es, uns von Erwartungen und
Gewohnheiten zu befreien.
Womöglich können danach Glück und
manch Freude gedeihen.

Ich wünsche Euch, dass Ihr niemals die
schönen und kleinen großen Dinge aus den
Augen verliert.
Und bestimmt habt Ihr es bereits mit
Dankbarkeit probiert.

Vielleicht macht es Mut, wenn wir uns
bewusst werden, was unsere Vorfahren
bewältigt haben,

was sie uns an Erfahrung und Lebensweisheit
mit auf den Weg gaben.
Und ich bin überzeugt, dass wir niemals sind
allein,
denn es existiert eine Kraft, die wird immer
bei uns sein.

Sie ist es neben lieben Mitmenschen, die, die
uns über tiefe Täler trägt
und uns fortan zum Weitermachen bewegt.

Nun will ich keine schlauen Worte von mir
geben
Ihr sollt einfach  ein angenehmes
Weihnachten verleben.

Ein jeder mag etwas o. jemanden vermissen,
doch ist wirklich ALLES beschi...en?

Vielleicht können wir erkennen
und sogar beim Namen nennen,
wer für uns da ist und uns Geborgenheit
schenkt,
wer unser Leben in die richtige Richtung
lenkt.
Ich wünsche Euch allen von Herzen

habt eine gute Zeit – umgeben vom Glanz
sämtlicher Kerzen.
Möge all das Licht Eure Seele und Eure
Herzen berühren,
mögt Ihr tief in Euch Frieden und
Warmherzigkeit spüren.

Der Geist der Weihnacht möge Euch tragen
an guten wie an schlechten Tagen.
Macht das Beste aus dem Fest,
einfach das, was sich aus den Begebenheiten
machen lässt!

Ich wünsche Euch Gesundheit, Hoffnung und
Vertrauen,
all das, worauf sich ein glückliches Dasein
lässt aufbauen.

Vergesst bitte niemals, was ein Mensch alles
kann,
verlasse vielleicht die sogenannte
Komfortzone und fang an,
mit der neuen Zeit (D)eine neue Zeit zu leben
und de(ine)m Leben wirkliche Erfüllung und
Entfaltung zu geben.
Feiern wir Weihnachten & das Leben

und welch wunderbare Menschen es an
unserer Seite gibt und hat gegeben.
Auch wenn nicht jeder mehr greifbar für uns
da,
ist er uns auf seine Weise ganz nah!

Unterm Weihnachtsbaum haben
Freudentränen als auch solche der Sehnsucht
oder Traurigkeit Platz.
Vielleicht nehmt Ihr Euch Zeit und widmet
jedem, an den Ihr denkt, mindestens einen
Satz.

In Gedanken und unseren Herzen sind wir
alle zusammen.
Lasst Erinnerungen an schöne gemeinsame
Erlebnisse aufflammen.

Erzählt Sie Euch und teilt Eure Gedanken.
Das tut gut und lässt uns Kraft tanken.

Genug der Worte nun.
Ich lass die Tastatur jetzt ruh´n.

Seid herzlich umarmt und gegrüßt ....
Ich wünsche Euch das, was Euer Fest versüßt!

# Mein Weihnachtswunsch für Dich

(Weihnachten 2021)

Mein Weihnachtswunsch für Dich ist
klein:
Frieden möge in Deinem Herzen
und rund um Dich sein.

Andererseits ist der Wunsch groß,
denn die Welt trägt gerade ein
herausforderndes Los.

Mögen wir unsere Herzenswünsche nicht aus
den Augen verlieren
und ruhig den ein oder anderen Weg
ausprobieren,
um unsere Träume wahr werden zu lassen
und den Sinn unseres Daseins nicht zu
verpassen.

Was ich Dir wünsche sind Frieden und Glück.
Mit ihnen kommt auch die Freude zurück.
Freude ist wunderbare Medizin - ob groß
oder klein.
Sie möge Dein treuer Begleiter sein.

An Tagen, wo dunkle Wolken über Dir sind -
erinnere Dich bitte liebes Menschenkind,
dass hinter den Wolken die Sonne scheint
und heilsames Licht existiert, das es gut mit
Dir meint.

Auch das Licht von Weihnachten soll Dich
berühren,
Dich sicher und liebevoll auf Deinem Weg
führen.
Ob Du an Engel glaubst oder nicht -
glaub mir, lichtvolle himmlische Begleiter an
Deiner Seite tragen Gewicht.

Vertraue Deinem Herzen - vertraue Dir.
Finde dafür wieder mehr und mehr Gespür.
Denn Deine Seele, Dein wahres Ich
beg-leitet Dich.

Dem Leben wohnt ein Zauber innen.
Du darfst Dich erinnern und besinnen.
Unsere Existenz ist so viel mehr als wir viel-
leicht denken. Lass Dich vom Zauber des
Lebens lenken.
Ich wünsche Dir eine schöne Zeit.

Hab gern ein Lächeln oder freundliches Wort
für Deine Mitmenschen bereit.
Lass die Wärme Deines Herzens die Welt
schöner machen
und vergiss nicht, hin und wieder über Dich
selbst zu lachen.

Manchmal machen wir es uns unnötig
schwer.
Bis irgendwann die Erkenntnis kommt daher:
Wir könn(t)en manches leichter nehmen
und brauchen uns für Missgeschicke nicht
schämen.

Denn alle sind wir hier um zu lernen.
Auch, um uns näher zu kommen, statt von
uns zu entfernen.

Lasst uns der Welt positive Gedanken
schenken.
um alles Geschehen in eine gute Richtung zu
lenken.

Finde Frieden tief in Dir drin.
Frieden macht so viel Sinn.

# Deine Energie laden

Deine Energie laden
in meinem/Deinem Energie laden

Lang hab ich überlegt, wie ich es sage
und immer wieder stellte ich mir die Frage:
Wie bring ich rüber, was ich so alles mache –
Letztendlich geht es stets um die eine Sache:
Euch beim Meistern der Herausforderungen
des Lebens unterstützen,
wobei Energie, Elan & Freude Euch nützen.

Was ich tue:
Ich stärke Eure persönliche Kraft &
Energie und sorge gleichzeitig
für Entspannung & mehr innere Ruhe.

Wenn wir zusammen arbeiten, kann Dein
Selbstbewusstsein wachsen – so auch Dein
Selbstvertrauen –
Du kannst Klarheit, innere Stärke &
Mut aufbauen.

Wie oft ist ein Fünkchen Mut im Leben
gefragt,

zum Beispiel, wenn Du wiedermal Ja statt
Nein hast gesagt!
Auch wenn es um das Treffen
von Entscheidungen geht,
ist es manchmal wie verflixt und zugenäht.

Wir wollen etwas verändern, doch drehen
uns im Kreis
und machen uns häufig unnötig heiß!

Ich kann Dich unterstützen klarer zu sehen,
Zusammenhänge zu erkennen und Deinen
eigenen Weg zu gehen!

Zu schade wäre es um Dein wahres Potential,
denn Du bist einzigartig und auf Deine Art
genial!
Habe den Mut und lass Dich drauf ein –
voller Energie, ganz Du selbst
und wundervoll zu sein.

Nun fragst Du Dich vielleicht, wie soll das
gehen?
Nun erfährst Du, welche Möglichkeiten uns
dafür Verfügung stehen.

In der Physiotherapie
kümmere ich mich um Verspannungen,
Schmerzen und blockierte Energie.

Methoden wie zum Beispiel Tuina,
Akupunktmassage und Manuelle Therapie
sorgen für Entspannung, Schmerzlinde-
rung und spürbar mehr Energie.


Einmal im Monat ist Meditation –
gern erstelle ich Dir Deine ganz persönliche –
das wusstest Du vielleicht schon.

Auch wenn ich keine Sportgruppen mehr
anleite –
ich Dir gern ein individuelles Übungspro-
gramm bereite.

Glaubenssäze und Lebensmuster können
Dein Vorankommen erschweren,
dies zu erkennen beziehungsweise
aufzudecken, kann Dich ein Coaching lehren.

Gern nutze ich das Familienbrett und
Möglichkeiten der Aufstellungsarbeit –

das ist jedes Mal aufs Neue beeindruckend
heilsam und Erkenntnis bringende Zeit!

Die Dinge, die unsere Lebenskraft
einschränken, mögen vielschichtig sein.
Zum Lösen setze ich ebenso schamanische
Heilmethoden ein.

Kein Hokuspokus, sondern uraltes Wissen –
ursprüngliche Medizin –
die auch zum Aufspüren und Heilen
von Traumata, feststeckender oder abhanden
gekommener Energie dien´n.

All das, was Dich umgibt, wirkt auf Dich ein,
so kann desweiteren eine sogenann-
te Wohnraumentstörung notwendig sein.
Unser Energiesystem regelmäßig zu reinigen,
ist generell empfehlenswert –
so wie Zähneputzen, duschen, Auto und
Wohnung putzen zum Alltag gehört.
Wenn dann Dein Energiesystem geklärt
strahlt,
sich oben drauf ein
Farbtyp-Coaching auszahlt.
Denn sobald Du Deine Farben trägst,

Du Dich bedeutend selbstbewusster durchs
Leben bewegst.
Tatsächlich erhält Dein Erscheinungsbild
viel mehr Kraft,
was eine verstärkte Wahrnehmung Deiner
Persönlichkeit (er)schafft!

Außerdem kannst Du Dich in meiner Kleinen
Lebensschule inspirieren lassen
und auf die Magie des Lebens einlassen.

Unerwähnt sollen nicht mein TEDDY-
Konzept und die FEEN-Tage sein
und vielleicht wirfst Du auch mal einen Blick
in meine Bücher hinein.

Falls Dich meine Angebote interessieren,
lass uns einfach telefonieren.
Du kannst auch eine Email oder WhatsApp –
Nachricht schreiben,
so können wir gut in Kontakt bleiben.

Gemeinsam besprechen wir dann,
wie ich Dir am besten helfen kann.

Coaching
für Frauen
Mut & Selbstvertrauen

Mögen Freude, Frohsinn, Sonnen-
schein
neben Wohlbefinden und bester
Gesundheit
treue Begleiter an Deiner Seite sein!